Drs BAROUX ET SERGEANT

DE

L'Influence de la Nature du Sol

SUR LA CONFORMATION DU VISAGE

ET SUR LE CARACTÈRE

chez le Flamand et chez le Picard

DE

L'INFLUENCE DE LA NATURE DU SOL

SUR LA CONFORMATION DU VISAGE
ET SUR LE CARACTÈRE

chez le Flamand et chez le Picard

PAR

MM. LES DOCTEURS

| P. BAROUX | L. SERGEANT, |
| d'Armentières. | Médecin Aide-Major de 1re classe. |

AVEC 6 FIGURES DANS LE TEXTE.

1909

DE

L'Influence de la Nature du Sol

SUR LA CONFORMATION DU VISAGE

ET SUR LE CARACTÈRE

chez le Flamand et chez le Picard

AVANT-PROPOS

Dans une précédente étude [1] nous avons envisagé les conséquences de la locomotion en terrain plat sur la musculature humaine et animale; la plaine flamande réalisant, au point de vue qui nous occupait, tous les desiderata, nous avons pris les races flamandes primitives comme sujet d'observation. Nous rappellerons très brièvement les principales remarques que nous avons faites et dont nous avons donné l'explication : hypertrophie des muscles fessiers, largeur du bassin, atrophie des muscles internes

---

[1] Drs BAROUX et SERGEANT. Les races flamandes bovine, chevaline et humaine dans leurs rapports avec la marche en terrain plat, 1906. Étude récompensée par l'Académie de Médecine de Paris et par la Société des Sciences de Lille. Librairie Générale, Jules Tallandier, Lille.

et antérieurs de la cuisse, relâchement de la paroi abdominale et tendance à la hernie, fréquence du pied plat.

Nous avons, depuis, trouvé dans la forme de plusieurs objets des vieux mobiliers flamands une adaptation réelle à certaines des dispositions anatomiques énoncées ci-dessus ; ces curieuses relations ont ainsi confirmé nos conclusions.

Nos observations ont, en premier lieu, porté sur la forme des chaises et des fauteuils flamands ; à des fesses volumineuses et à des bassins larges il fallait des sièges spéciaux. Nous avons pu examiner ces sièges primitifs dans les remarquables ateliers d'ébénisterie de M. Van den Broeck, architecte à Socx, près de Dunkerque : ils sont extrêmement larges, très bas, et sont soutenus postérieurement par deux pieds de grosse épaisseur ; le dossier est droit et de forme concave. Lorsqu'il est assis sur de tels supports l'indigène de la Waterland appuie directement ses fesses, largement étalées latéralement et postérieurement, sur l'arrière, du reste fortement étayé, de ces meubles, et il a en outre l'avantage de tenir les cuisses fléchies, ce qui repose complètement son quadriceps crural, physiologiquement défectueux.

Les berceaux, en second lieu, ont retenu notre attention dans un voyage que nous avons fait en Hollande. L'atrophie des muscles internes de la cuisse amène chez le nouveau-né de ce pays, comme chez le nouveau-né flamand, la formation, même quand le maillot est bien serré, d'une fente antéro-postérieure située sous les parties génitales ; l'urine, s'écoulant par cette fente, amène fatalement, malgré tous les soins de propreté, de l'érythème des fesses. C'est pour remédier hygiéniquement à cette infirmité puérile que, depuis longtemps, et par tradition, les Hollan-

dais emploient, de nos jours encore, pour leurs nourrissons, des berceaux bien spéciaux, qui ont presque complètement disparu des mobiliers flamands.

Au lieu d'avoir la forme, habituellement usitée, d'une nacelle, ces couches infantiles dessinent, du côté des pieds, une ligne droite très élargie, au moins une fois plus longue qu'à l'opposé, de sorte que le schéma de ces petits meubles figure un trapèze isocèle dont la grande base est à la petite comme deux est à un.

Les enfants, mollement emmaillottés, sont étendus dans ces berceaux ancestraux, les membres inférieurs largement écartés, de façon à pouvoir placer, en avant des organes génito-urinaires, un morceau de toile usagée qui sert de tampon d'absorption pour les urines. On évite ainsi radicalement sur la peau des fesses l'éruption irritative signalée plus haut.

Mais là ne se sont point bornées les remarques nouvelles que nous avons faites. Nous avons étudié d'une façon plus approfondie les relations qui existent entre le sol et les êtres, et nous sommes arrivés à cette constatation que la nature intime du sol, l'atmosphère et, pour n'employer qu'un terme plus général, l'ambiance de chaque contrée, imposent à l'habitant une physiologie spéciale et qu'ils lui donnent un tour d'esprit particulier.

Cette étude psycho-physiologique est trop étendue et trop complexe pour que nous ayons la prétention de l'envisager dans son entier. Nous traiterons seulement quelques points de la nature du sol sur la conformation de la face et sur le caractère, en ayant soin d'étendre nos observations à la fois à la race humaine et à certaines races animales (ovine et canine).

*

Nous connaissons la Flandre, où l'un de nous exerce la profession médicale depuis plus de vingt ans; la Picardie, notre pays d'origine, nous est familière. Or ces deux régions, bien que voisines, sont, au point de vue géologique, essentiellement différentes; aussi Flamands et Picards sont-ils tout naturellement destinés à nous servir de termes de comparaison.

I.

INFLUENCE DE LA NATURE DU SOL

sur la conformation de la face.

La géologie de la Flandre et celle de la Picardie ont été exposées d'une façon remarquable par M. Blanchard[1] et par M. Demangeon[2]. Nous renvoyons le lecteur aux travaux de ces auteurs, pour l'étude détaillée de ces régions. Nous nous contenterons, pour les besoins de notre démonstration, d'une esquisse très rapide.

La Flandre est une vaste plaine dont le niveau est, dans son ensemble, de quelques mètres seulement au-dessus de celui de la mer. Si l'on fait une coupe de terrains en un point quelconque de cette plaine, on rencontre une couche limoneuse de 2 à 3 mètres d'épaisseur, argileuse dans l'ouest, sableuse dans l'est, puis une couche énorme d'argile yprésienne, de 50 à 100 mètres d'épaisseur. Aussi le sol flamand est-il absolument imperméable. Comme les pluies sont abondantes l'homme a dû creuser, pour lutter contre l'eau, son ennemie, une multitude de canaux, de "Watergands"; pour pouvoir cultiver la terre, le paysan

---

BLANCHARD. La Flandre, 1906.
DEMANGEON. La Picardie et les régions voisines, 1905.

a couvert ses champs d'un réseau considérable de drains. Mais cette eau, bien que canalisée, fournit à l'atmosphère une quantité de vapeur d'eau énorme et entretient une humidité constante de l'air.

La Picardie, exception faite de la vallée de la Somme, est essentiellement différente. C'est une succession de petites collines dont les flancs apparaissent de loin comme des taches bleuâtres, car le revêtement de limon atteint parfois quelques centimètres à peine ; le terrain crétacé émerge partout. La Picardie est en effet le pays de la craie. Or la craie, on le sait, absorbe l'eau avec une grande rapidité ; par d'innombrables fissures de toutes dimensions l'eau de pluie pénètre, aussitôt tombée, dans le sous-sol, jusqu'à ce qu'elle soit arrêtée, à 30, 40 mètres de profondeur et souvent plus, par les marnes turoniennes. Aussi, bien que la quantité d'eau tombée ne soit guère moindre qu'en Flandre (moyenne annuelle à Arras : 664^{mm}, à Bergues : 673^{mm}), l'air de la Picardie est-il un air bien sec.

En résumé, la Flandre est un pays plat, son sol est imperméable et son atmosphère humide.

La Picardie est un pays de collines, son sol est très perméable et son atmosphère sèche.

Ces données étant acquises, nous pouvons envisager les rapports qui existent entre le sol et la conformation du visage ; ils porteront sur : le nez et les sinus de la face, le revêtement pileux, les oreilles, les yeux.

Les six photographies ci-après serviront à notre démonstration.

I. — RACE OVINE.

Brebis Flamande à M. Kluskens, Éleveur à Wez-Macquart (Nord).

Brebis Picarde à M. Kluskens, Éleveur à Wez-Macquart (Nord).

Oreilles longues, tombantes et peu mobiles.
Front plat.
Nez volumineux et allongé ; narines béantes.
Laine longue et fine.
Espèce forte ; bassin large ; train postérieur développé ; les deux onglons forment entre eux un angle très ouvert et reposent largement sur le sol [1].

Oreilles petites, relevées et mobiles.
Front bombé.
Nez fin ; orifices nasaux étroits.
Laine rude.
Espèce moins forte ; bassin étroit ; train postérieur peu développé ; les deux onglons forment entre eux un angle plus aigu et ont avec le sol une surface de contact plus petite [2].

---

[1] et [2] Ces derniers signes sont analogues à ceux déjà décrits à propos des races bovine et chevaline dans les " Races Flamandes ".

II. — RACE CANINE.

CHIENNE FLAMANDE, primée aux Expositions canines de Lille et de Tourcoing (1904 et 1906), à M. Paul Gille, d'Armentières (Nord).

CHIENNE PICARDE de pure sélection, à M. Gustave Vanhoecke, d'Erquinghem-lez-Armentières (Nord).

Front plat.
Nez développé.
Œil châtain clair.
Poil fin.
Colonne vertébrale rectiligne ; pattes larges et bien étalées [1].

Front bombé.
Nez étroit.
Œil châtain foncé.
Poil rude et laineux.
Colonne vertébrale incurvée ; pattes petites [2].

[1] et [2] Ces derniers signes sont aussi analogues à ceux déjà décrits à propos des races bovine et chevaline dans les " Races Flamandes ".

III. — RACE HUMAINE.

Type parfait de la Flamande
(Jeune fille de 15 ans).

Front droit.
Nez prononcé.
Ailes du nez fortes et orifices des narines très ouverts.
Joues pleines et bien musclées.
Pavillon de l'oreille oblique et de forme peu compliquée.
Cheveux très fins.
Paupières flasques ; regard vague.

Type parfait de la Picarde
(Jeune fille de 14 ans).

Front bombé.
Nez étroit.
Narines étroites ; ailes du nez peu marquées.
Pommettes saillantes.
Joues creuses.
Pavillon de l'oreille vertical et de forme tourmentée.
Cheveux rudes.
Regard vif.

a) NEZ ET SINUS DE LA FACE.

Leur conformation est, nous allons le démontrer, sous l'influence directe de l'état hygrométrique de l'air (et, par déduction, de la nature même du sol).

L'air inspiré en effet a besoin d'arriver aux poumons chargé d'une certaine quantité de vapeur d'eau, de façon que les cellules des alvéoles ne soient pas desséchées et conservent toute leur vitalité. Cette humidité doit être acquise le plus rapidement possible ; or c'est aux premières voies respiratoires (fosses nasales et sinus) qu'est dévolue cette mission. Le mode de respiration par le nez est en effet le mode normal ; la voie buccale ne peut être considérée comme voie d'entrée de l'air, car par la bouche la colonne d'air inspirée chaque fois est trop considérable et n'a pas le temps de s'humidifier ; les fosses nasales, au contraire, forment un canal étroit et resserré où l'air est forcé de se charger de vapeur d'eau au contact d'une muqueuse toujours en état de sécrétion ; les sinus ont, par leur surface, une large part dans cette production de vapeur d'eau. Si, comme le prétendent certains, les sinus n'avaient comme utilité que de diminuer le poids de la face, quelle raison d'être aurait leur communication avec les fosses nasales, dont ils ne sont, en somme, que des diverticules. D'autre part, ils ne servent pas à l'olfaction, car le microscope nous apprend que leur muqueuse ne possède aucune des cellules spéciales à ce sens, mais au contraire d'innombrables cellules caliciformes (cellules à mucus), du même type que celles qui se trouvent dans la muqueuse des fosses nasales. Du reste les différences de forme des sinus, en corrélation avec des différences de forme des fosses nasales, suivant les races, nous prouvent leur utilisation dans la fonction respiratoire.

Qu'observons-nous, en effet, dans les races flamandes ?

Un nez volumineux à narines béantes, des sinus maxillaires et frontaux petits, se caractérisant par une face et un front plats, des pommettes non saillantes. Dans les races picardes nous voyons des signes inverses : nez petit, à narines étroites, front bombé, pommettes saillantes (révélant des sinus étendus)[1].

L'interprétation de ces différences est facile. L'air sec de Picardie a besoin, pour se charger de vapeur d'eau, d'une vaste surface sécrétante ; d'où des sinus étendus. D'autre part une colonne d'air passant dans le canal étroit des fosses nasales s'humidifie d'autant plus vite que ce canal est plus resserré : c'est bien là l'explication du nez picard.

L'atmosphère humide de la Flandre, au contraire, arrive à l'orifice du nez déjà chargée d'une quantité de vapeur d'eau presque suffisante : petits sinus et larges fosses nasales sont donc ici de rigueur[2].

Des observations d'ordre pathologique confirment ces conclusions. Un Picard transplanté en Flandre contracte facilement des coryzas, car l'humidité de l'air s'ajoute à l'humidité propre de ses fosses nasales. Ayant les narines obstruées, il respire par la bouche ; de la sorte il est exposé à contracter de fréquentes angines. L'épithète de " morveux " donnée en Flandre à un esprit mordant s'applique au Picard, qui est un implacable ironiste.

Réciproquement le Flamand allant en Picardie y contracte des maux de gorge à cause de la sécheresse de l'air, ses petits sinus et son nez large n'arrivant pas à fournir une quantité de vapeur d'eau suffisante.

De même il est facile de remarquer qu'en Flandre un

[1] Des pommettes saillantes et des joues creuses dessinent au visage picard une forme ovale. Au contraire les pommettes peu proéminentes et les joues pleines du flamand (en rapport avec une alimentation plutôt liquide) contribuent à donner à son visage une forme ronde.

[2] Le flamand a aussi les ailes du nez larges et bien musclées afin de pouvoir régler l'afflux et la sortie de l'air dans la marche contre le vent, qui souffle avec violence sur la plaine sans obstacles ; l'emphysème pulmonaire est malgré cela fréquent dans la race flamande.

chien picard a, surtout après la course, les narines obstruées de mucosités qu'il n'utilise pas, et qu'il se trouve forcé de respirer presque constamment la gueule ouverte ; dans les mêmes conditions le nez du chien flamand, au contraire, reste toujours sec.

b) REVÊTEMENT PILEUX.

Le revêtement pileux doit s'adapter, lui aussi, aux conditions climatériques.

Le mouton flamand se défend contre l'humidité par une laine très hygrométrique, par conséquent longue, très fournie et très fine ; le mouton picard, au contraire, n'ayant à lutter que contre le froid, possède une laine moins douce ; elle contient une partie relativement fine, une autre plus rude, et enfin une partie hirsute analogue au poil de la chèvre ; elle a moins de poids et de valeur que la laine du mouton flamand.

Une remarque identique est à signaler dans la race canine : le poil du chien flamand est plus fin que celui du picard.

De même enfin, dans la race humaine, à la rudesse des cheveux picards il faut opposer la finesse des cheveux flamands, finesse que Hans Memling le "peintre des cheveux", a réussi à reproduire d'une façon inimitable.

c) OREILLES.

La conformation des oreilles a des rapports, non plus avec l'état hygrométrique de l'air, mais avec le profil du sol.

Dans la plaine le son arrive à l'oreille d'une manière

douce et uniforme, non saccadée; aussi le mouton flamand a-t-il les oreilles peu mobiles, longues et pendantes; c'est bien plus la vue que l'ouïe qui l'avertit d'un danger. Sur les collines, par contre, le son se propage sous des angles divers; la vue est limitée par des crêtes; c'est l'ouïe qui doit signaler un péril. Aussi le mouton picard, beaucoup plus craintif que le flamand, a-t-il des oreilles très mobiles et courtes. Cette sensibilité de l'ouïe en entrave beaucoup la surveillance; c'est pourquoi, à nombre égal de moutons, un troupeau picard exige-t-il trois chiens de berger contre deux pour un troupeau flamand.

Dans la race humaine les différences s'accusent anatomiquement d'une façon autre: l'oreille picarde, faite pour les échos des collines, est droite et de forme tourmentée, au contraire l'oreille flamande est oblique et a une grande simplicité de lignes.

d) YEUX.

Sur cet organe enfin l'influence de la nature environnante est indéniable. Les photographies de jeunes filles représentées plus haut nous offrent, à ce point de vue, un contraste frappant. Quelle différence entre les petits yeux vifs de la Picarde et les yeux gris, au regard un peu vague, de la Flamande, yeux hypermétropes habitués à sonder l'horizon indéfini. Si les yeux noirs de l'Oriental sont conformés pour contempler un ciel ardent, si les yeux bleus de l'Anglo-Saxon et du Slave sont adaptés à des sites neigeux, les yeux gris du Flamand sont faits pour des cieux voilés, pour des paysages de transition : « Les Flamands ont les yeux couleur de leurs canaux » a dit Georges Rodenbach dans le Carillonneur, pp. 19, 43, 153. C'est encore Rodenbach qui a composé sur les yeux flamands ces vers délicieux qu'on peut placer au-dessous du regard sérieux et réfléchi de notre jeune Flamande :

« Tels yeux parfois ont l'air plus vieux que leurs visages,
Et même s'ils sont clairs, même s'ils sont rieurs,
A leur fatigue on les soupçonne antérieurs
Et venus là s'ancrer après de longs voyages.
Regards âgés dans un ensemble puéril :
Les yeux sont un octobre et la bouche un avril ;
Eux sont pleins de feuilles mortes, elle de roses ;
Et le contraste entre eux est presque un désaccord ».

(Les Vies encloses. Voyage dans les yeux, p. 181).

II.

INFLUENCE DE LA NATURE DU SOL

SUR LE CARACTÈRE.

En poursuivant nos études sur la race canine nous fûmes frappés de la différence d'instincts et de caractère existant entre le chien picard et le chien flamand. Le premier est le chien du hameau ; il est familier avec chacun de ses habitants et il se laisse flatter et caresser par tout le monde. Le second ne connaît que sa ferme, que son maître ; toute autre personne est pour lui un ennemi ; cet instinct est si accentué qu'il a été utilisé depuis quelque temps par plusieurs éleveurs pour former des chiens policiers. Gand, ville qui possède les chiens policiers les mieux dressés, n'emploie plus que des chiens de berger belges, le chien de Malines en particulier (représenté plus haut). Malines, située entre Bruxelles et Anvers, est la clef du pays de Waes et de la Campine, région de terres basses ; le chien de Malines est donc bien un chien de plaine, un chien flamand. Les qualités essentielles demandées à un chien policier sont : la finesse du nez (que possèdent à un degré presque égal tous les chiens de berger), la rapidité, la fidélité au maître, qualités tout à fait propres au chien flamand. Aussi le dressage du berger belge est-il facile.

C'est pour les mêmes raisons que le berger belge,

concurremment avec le berger allemand et le berger de Beauce, est utilisé aussi comme chien sanitaire.

Mais pourquoi cette différence d'instincts entre le chien flamand et le chien picard ? Ces animaux, étant en contact permanent avec les hommes, présentent-ils des dissemblances qui sont le reflet de dissemblances du même ordre chez leurs maîtres ? Oui. Le paysan picard, nous le verrons plus loin, a l'instinct de sociabilité avec toutes les conséquences qui en découlent ; le flamand, au contraire, est peu sociable, mais il a l'esprit de famille. Et quelles en sont les causes ? En dernière analyse c'est, une fois de plus, l'étude des rapports entre le sol et l'être qui l'habite qui nous donne la clef du problème.

Que recherche en effet un cultivateur lorsqu'il entreprend une culture ? D'abord de bonnes terres, ensuite la possibilité de se procurer facilement de l'eau pour ses bestiaux et pour lui-même.

Or, en Flandre les terres sont partout excellentes [1] ; partout il suffit de creuser le sol à une minime profondeur pour rencontrer de l'eau. Aussi les villages flamands sont-ils rarement agglomérés ; les fermes sont presque toujours isolées les unes des autres ; il suffit de consulter une carte d'état-major pour s'apercevoir que la Flandre offre un semis ininterrompu de fermes éparses. Chaque fermier vit donc avec sa famille sur son coin de terre sans s'inquiéter du voisin, car il ne lui manque rien ; il peut se passer d'autrui. Aussi le flamand a-t-il l'esprit de famille très développé, mais il est peu sociable.

---

[1] Leur culture exige cependant beaucoup de peine car la terre est très lourde et le sous-sol doit être constamment drainé ; mais le travail est récompensé car les récoltes obtenues sont splendides. Cette continuité d'efforts, ce labeur incessant entrent pour beaucoup dans l'origine de la ténacité de l'esprit flamand.

En Picardie, au contraire, les bonnes terres sont assez rares ; les villages se forment là où la craie est recouverte d'une épaisseur de limon suffisante pour assurer une culture passablement rémunératrice. Et de plus les paysans ont dû se grouper autour des puits ; il faut en effet creuser à 50, 60, 80 et même 100 mètres de profondeur pour trouver l'eau. M. Demangeon a fort bien mis en relief ces différents points dans son livre « La Picardie et les régions voisines ». « La cause même, dit-il, qui permet aux herbagers du Bray et aux cultivateurs de Flandre de disperser leurs habitations, la facilité de l'approvisionnement en eau, n'agit pas dans nos pays de culture (Picardie). La multitude des niveaux d'eau et la proximité des nappes souterraines éliminent l'une des plus grosses difficultés dont puissent s'inquiéter les établissements agricoles ; elles leur créent une possibilité d'indépendance dont ils profitent pour s'écarter. Il n'en est pas de même sur les plateaux de craie. La profondeur des nappes d'eau dans la craie entraîne la construction de puits coûteux et rares autour desquels se groupent les habitations. L'agglomération, qui s'impose comme une loi à l'établissement humain sur ces plateaux secs, trouve donc son principe dans une loi hydrologique. Seules peuvent vivre à l'écart les fermes dont les propriétaires ont été assez riches pour forer un puits et creuser une mare. Pour la masse des cultivateurs l'association fut une nécessité, l'agglomération devint la règle », pp. 374 et 375.

Voilà la cause de l'instinct de sociabilité des Picards et de leurs façons polies, quelque peu maniérées.

De cet instinct qui leur est propre et qui provient de la nature même de leur sol découle pour eux une disposition native à faire des politiques remarquables. Alors que dans le train ordinaire de la vie ils se montrent habituellement les grands amis de leurs petits bénéfices, une fois empoignés par un idéal politique quelconque, ils témoignent d'un admirable esprit d'abnégation, tout en employant toujours l'âpre intérêt comme instrument de propagande. Ils aiment le pouvoir pour le pouvoir, comme d'autres la science pour la science. On pourrait en citer d'illustres exemples à l'époque contemporaine, mais, pour ne pas nous aventurer sur le terrain brûlant de l'actualité politique et économique, nous nous contenterons de demander à l'histoire de France son irrécusable attestation, et elle nous la donnera à chacun de ses grands tournants.

Qu'était-il ce Pierre l'Ermite qui lança l'Occident sur l'Orient et fut le pantagoniste des Croisades ? Un Picard d'Amiens, et un pauvre moine ; son prosélytisme avait pour base une foi sincère et exempte d'égoïsme, et pour levier l'appât des richesses à tirer des pays ensoleillés.

Il était né Picard aussi cet enfant de Noyon, Calvin, le père de la Réforme. Après avoir ébranlé le monde il mourut en laissant cinquante écus, y compris ses livres. Pour autrui, par exemple, il n'avait pas négligé l'assouvissement de la convoitise, et la sécularisation des abbayes fut un de ses moyens les plus utiles de propagande.

D'où venait-il celui qui fut le modeste pensionnaire du menuisier Duplay, alors qu'il détenait le souverain pouvoir, celui que ses amis appelaient l'Incorruptible, Robespierre pour tout dire, l'apôtre de l'Égalité ? Il était natif d'Arras et originaire du Santerre. Il mourut pauvre comme Aristide, mais il eut soin d'exciter pour le triomphe de sa cause des appétits immédiats par la création des biens nationaux.

Pour compléter la ressemblance psychologique existant entre ces esprits, d'une action si prodigieuse, il est nécessaire de bien mettre en relief l'art consommé avec lequel ils ont su, tous trois, faire entrer, au moment voulu, dans la forteresse de leurs idées les hommes nécessaires au triomphe de leurs desseins. Une telle habileté ne peut s'expliquer que par le long atavisme de leur sociabilité picarde, leur permettant de sonder avec adresse les intelligences et les cœurs.

Que rencontrons-nous, en effet, autour de Pierre l'Ermite : un consortium de puissances féodales. Trois cents ans, plus tard, à Genève, nous assistons à la création par Calvin de son consistoire qui est le grand instrument de sa domination. En 1793, aux heures tragiques de la Terreur, nous voyons Robespierre faire reposer sa puissance sur le club des Jacobins, d'où il règne sur la Convention.

Au fond du cœur humain gît un sentiment d'altruisme, homogène dans son ensemble ; se développe-t-il dans un sens, il s'affaiblit du même coup dans un autre.

Les Flamands, nous l'avons expliqué, sont les hommes de la famille : ils en ont la tendre affection et ils aiment à être entourés d'une nombreuse descendance ; ils ont aussi l'orgueil du pignon et le goût des arts qui embellissent l'existence domestique. Mais dans la vie du Forum les siècles vécus nous ont prouvé que leur vision politique était incapable de s'étendre au-delà de leur beffroi natal. Les Celtes, ces indigènes de l'humide Armorique et de la verte et brumeuse Erin, ont, à ce point de vue, la même étroitesse d'esprit. Ce sont les hommes des clans : tels sont les Irlandais, tels sont aussi les Bretons.

On s'étonne parfois que la ville de Paris soit la capitale de la France, sa situation paraissant trop peu centrale. Elle le sera toujours à cause de son importance, et elle devait l'être par la force des choses. Ne se trouve-t-elle pas située à proximité de cette Picardie, de cette Champagne et de cette Brie, en un mot de ce massif crayeux et pauvre en eau qui fut le primitif apanage des premiers rois de la Nation française, dont le génie politique devait s'étendre au loin, appelé à mélanger dans un ensemble parfait des races très différentes.

C'est donc bien au physique comme au moral que rayonne, exquise de vérité, cette maxime d'Erasme :

« Suos quæque homines genuit terra ».

www.ingramcontent.com/pod-product-compliance
Lightning Source LLC
Chambersburg PA
CBHW070533050426
42451CB00013B/2992